SOMETHING PAINS THE WIND

ALGO LE DUELE AL AIRE

Dolores Castro Varela

Translation/Traducción

Francisco Macías Valdés

MEDIO SIGLO

Colección: Las Lenguas de Babel

First Printing 2015

ISBN 13: 978-0-9864497-1-0
ISBN 10: 0-9864497-1-7

Cover Design/Diseño de portada: Ismael Aguilar
Original Drawing/Dibujo Original: Ismael Aguilar
agruismael@gmail.com

This publication was made possible with the help of the Translation Support Program (PROTRAD) dependent of Mexican cultural institutions.

Esta publicación fue realizada con el estímulo del Programa de Apoyo a la Traducción (PROTRAD) dependiente de instituciones culturales mexicanas.

www.librosmediosiglo.org
mediosigloeditorial@gmail.com

Ordering Information:
Quantity sales. Special discounts are available on quantity purchases by corporations, associations, and others. For details, contact the publisher at librosmediosiglo@gmail.com
(956) 577-3093

Harlingen, Texas
USA

PRINTED IN THE UNITED STATES OF AMERICA
IMPRESO EN ESTADOS UNIDOS DE AMÉRICA

SOMETHING PAINS THE WIND

Dolores Castro Varela

ALGO LE DUELE AL AIRE

Algo le duele al aire,

del aroma al hedor.

Algo le duele

cuando arrastra, alborota

del herido la carne,

la sangre derramada,

el polvo vuelto al polvo

de los huesos.

Cómo sopla y aúlla,

como que canta,

pero

algo le duele.

Algo le duele al aire

entre las altas frondas

de los árboles altos.

Cuando doliente aún

entra por las rendijas

de mi ventana,

de cuanto él se duele

algo me duele a mí,

algo me duele.

SOMETHING PAINS THE WIND

Something pains the wind,

from the aroma to the stench.

Something pains it

when it dredges, it agitates

the flesh of the wounded,

the shed blood,

the dust turned to the dust

of the bones.

I low it blows and howls,

as if it were singing,

but

something pains it.

Something pains the wind

amidst the high boughs

of the tall trees.

Even as it aches

it enters the crannies

of my window,

from how much he is pained

something is paining to me,

something pains me.

EN EL AIRE UN PERFUME

Abre con gentileza

el aire

su gran cauda de aroma:

toma de aquí el suspiro

de la yerba

           que florece,

del retoño

en las ramas,

y el verdor…

Atesora en su cauda

flor y canto

en vuelo por parejas

de pájaros,

abejas zumbadoras,

palomas en zureo

y amantes que bendicen

la salida del sol.

El aire vuela,

y como que canta,

pero algo le duele:

del aroma al hedor

algo le duele.

N THE AIR SOME PERFUME

Unfurled is with courtesy,

the air,

its majestic train of redolence:

it draws from here the sigh

of the herb

               that flourishes,

from the sprig

in the branches,

and the verdure…

It hoards amidst its train

flower and song

at flight by pairings

of birds,

buzzing bees,

cooing doves

and lovers that consecrate

the dawning of the sun.

The wind soars,

and it is as if it were singing,

but something pains it:

from the aroma to the stench

something pains it.

AI HEDOR

¿Dónde volver los ojos?

Hacia el cielo,

hacia el Valle de Chalco,

donde llueve

y las primeras gotas son caricia

porque el agua escasea

en el vaso, en la sed.

De pronto,

como si la lluvia

en tormenta estallara

para nuestra amargura,

el canal de mal nombre,

La Compañía,

desborda rabia

contra nuestra impotencia.

El Gran Canal,

año con año nos multiplica

el terror.

Sus aguas

negras de todas las inmundicias

revientan en el bordo

y forman el gran lago

de pestilencia.

TO THE STENCH

Where to turn the eyes?

Toward the heavens,

toward the Valle de Chalco,

where it rains

and the first drops are a caress

for the water is scarce

in the glass, in the thirst.

Suddenly,

as if the rain

within storms burst

for our bitterness,

the channel bearing the misnomer,

The Company,

outpours rage

against our impotence.

The Great Channel,

year after year multiplies for us

the terror.

Its waters

turned to cesspools by all the filth

burst at the levies

and embody the great lake

of pestilence.

El lago crece, crece.

ante nuestros atemorizados

ojos

hasta arrastrar cuanto había.

Tras el terror la certidumbre:

hoy en el ahogo transitamos,

en el ahogo desaparecemos,

en el hedor se hunden nuestras vidas.

Esto le duele al aire,

le duele al agua

cristalina.

The lake swells, swelling
before our terror-filled
eyes
until it lays waste to all that was there.
After the terror the certainty:
today we move about the anguish,
in the anguish we disappear,
in the stench are sunken our lives.
This pains the wind,
it pains the water
crystalline.

LA SANGRE DERRAMADA

Al borde del camino

lo encontramos

el mismo pantalón, la blusa blanca:

sobre su espalda

amapola de sangre.

Llaman de gracia al tiro

que enmudeció su boca,

ahogó su amor

y me dejó baldada.

El estallido

de aquel tiro de gracia

aún retumba

y aúlla en el aire, aúlla.

THE SHEDDED BLOOD

On the edge of the road

we find it

the same pant, the white blouse:

upon its back

a blood-red poppy.

They call it a coup de grâce—the blow

that hushed his mouth,

drowned its love

and left me crippled.

The shrill

of that coup de grâce

still echoes

and howls in the wind, howls.

EL POLVO VUELTO AL POLVO

Él era como yo

pobre,

ignorante,

       y violento

por más de una razón.

Yo salí tras un quehacer

agotador

de horas muertas,

en medio de la noche

       y del miedo.

Él era como yo,

pero conmigo

fue rabioso animal.

Como pintar la raya

al horizonte de mi vida,

fue relámpago dentro de mi cuerpo,

trueno, ola al reventar.

Así conocí el mar

que es el morir.

El polvo de mis huesos

mal sembrados en la tierra

al polvo volverá.

THE DUST TURNED TO DUST

He was as I

poor,

ignorant,

           and violent

for more than one reason.

I set out after an exhausting

toiling

of dead hours,

in the middle of the night

           and of fear.

He was as I,

but with me

he was a rabid animal.

How could I draw the line

upon the horizon of my life,

he was a lightning bolt inside my body,

thunder, a crashing wave.

That is how I came to know the sea

that dying is.

The dust of my bones

ill-planted in the earth

shall return to dust.

LA DANZA EN EI VERANO

Apuntaron a ciegas

y fue como desperdiciar

armas de alto poder

para matar pajaritos:

Más de cuatro mil niños

que sorprendió la muerte

en un paso,

en un juego,

en un brinco.

Fue como no distinguir

entre piedrecitas y semillas

de frijol.

Fue como sollozar al ver que caían

en medio de los otros,

en medio del estruendo

y sin poder parar

el furor que arrastraba

los ciegos disparos.

Fue como el propio Herodes

y la danza de la muerte.

THE DANSE AT SUMMERTIDE

They aimed blindly

and it was as if wasting

blowback weapons

to kill birdies:

More than four thousand children

who death took by surprise

in a mere passing,

in a game,

in a leap.

It was as if making no distinction

between pebbles and seeds

of bean.

It was like sobbing upon seeing that they

amongst the others,   [fell

amidst the turmoil

and without being able to halt

the frenzy swept by

the blind shots.

It was like Herod himself

and the Danse Macabre.

Es el verano, preside la muerte

inicia la danza

sin importar la hora ni el día.

Sin estrenar un traje,

con ropa de trabajo

o raída, acuden los danzantes,

sorprendidos

en el trance de no irse

ni quedarse.

Allá, para iniciar la contradanza

otros esconden o esgrimen

sus armas.

Es la danza de la muerte

con sus giros y pasos

sorpresivos

bajo el tartamudeo de la metralla.

La danza de la muerte

nos acosa,

nos alcanza.

It is summertide, it presides over death

the danse begins

without concern for the hour nor the day.

Without debuting a frock,

with work

or threadbare clothes, the dancers come

surprised   [together,

between the trance of not parting

nor remaining.

There, to begin the hoedown

others hide or brandish

their arms.

It is the Danse Macabre

with its unexpected

turns and steps

under the stammering of the shrapnel.

The Danse Macabre

hounds us,

reaches us.

En medio de la danza
no sabemos:
¿Cómo los hombres buenos
se vuelven malos?
¿Cómo los hombres malos
podrían volver
a ser buenos?
¿Después de muertos?

In the middle of the danse

we know not:

How it is that the good men

become bad?

How it is that the bad men

could once again

become good?

Once they are dead?

LA DANZA EN EL OTOÑO

Algo tiene que perecer

en el otoño

lo sabe el viento al desnudar

los árboles.

Para el retorno de lo verde

algo tiene que perecer;

pero la vida humana no retoña.

Ni el aire mismo

escapa

al vórtice

de la violencia

donde danza la muerte.

En este otoño

el aire hiede a muerte,

hiede.

26

THE DANSE AT AUTUMN-TIDE

Something must perish

at autumn-tide

the wind knows it as it strips

the trees.

For the resurgence of the verdure

something must perish;

but human life does not sprout anew.

Nor does the wind itself

escape

the vortex

of the violence

whence death dances.

At this autumn-tide

the air reeks of death,

it reeks.

Tiembla el viento

arrastrado por su fuerza

¿Cómo se detendría a cantar?

Si parece que el aroma murió

y los cielos cerraron su luz

a la esperanza?

Una niebla aceitosa cobija

murmullos de agonía,

testimonio de muerte,

relámpagos de armas.

The wind trembles
swept by its force
How could it stop and sing?
If it seems that the aroma died
and heaven shut its light
to hope?
A balmy fog cloaks
murmurs of agony,
testimony of death,
thunder of arms.

EN INVIERNO LA DANZA

Por no expandir el aire la zozobra

pasa zumbando,

intenta remolinos

que lleven a los cielos

el hedor.

Es invierno,

las calles desiertas,

cerradas las casas

cuando la noche cae:

Hombres, mujeres, niños

ya duermen

en su lecho

de muerte.

Huye el aire

en ráfagas, en remolinos,

aúlla,

huye.

AT WINTER THE DANSE

For her reluctance to open up, the wind

it buzzes by,   [topples her

it dabbles in whirlwinds

that will carry to the heavens

the stench,

It is winter,

the deserted streets,

shuttered houses

at twilight time:

Men, women, children

already sleeping

in their lairs

of death.

The wind flees

in gusts, in whirlwinds,

it howls,

it flees.

¡Madre del amor hermoso
y de la dulce esperanza!
Desde el fondo de mí
y ante esta fosa
común
me arrodillo y te llamo.
¿Me oyes desde ahí?
Aquí nadie me oye.
¿Cómo encontrar la paz para mi alma?
¿Uno de tantos muertos
es mi hijo?
Madre del amor hermoso
y de la santa esperanza
¡Oye mi grito!

Parece ahogarnos esta nube parda
que engatusa, enciende,
inviste de poder a indolentes,
y arma
a unos contra otros, a todos contra todos,
a todos contra uno, a toda hora.
Sé que no ha de triunfar el mal,
no puede
equipararse con el bien,

Mother of precious love
and of sweetest hope!
From the depths of my being
and before this mass
grave
I kneel and implore thee.
Can you hear me from thence?
Here nobody hears me.
How to find peace for my soul?
One of these many dead
is my son?
Mother of precious love
and of divinest hope
Hear my plight!

It would seem to drown us this dark cloud
that enthralls, ignites,
endows the indolent with power,
and arms
them one against the other, each against
all against one, at every hour.   [all
I know that evil must not prevail,
it cannot
join forces with good,

y por su propio peso el mal caerá.

¿Encima

 de nosotros?

¿Por qué se lleva el aire

tantos sueños?

¿Por qué como si fueran las hojas

del otoño,

o los vuelos de pájaros,

o los vuelos de insectos?

Y con un pie en el estribo

para el vuelo

¿Por qué se lleva el aire

mis sueños?

No se detiene el aire.

No es parte de su naturaleza

detenerse.

Toma fuerza

arrebata

los anhelo agónicos,

el terror ante la desconocida

muerte.

Ante la idiota condición

and under its own weight evil shall fall.
A top
of us?

Why must the wind take away
so many dreams?
Why as if they were but the leafs
of autumn,
or the flights of the birds,
or the flights of the insects?
And with one foot set upon the stirrup
for the flight
Why must the wind take away
my dreams?

The wind is unremitting.
It is not part of its nature
to relent.
It gains strength
it seizes
the agonizing longings,
the terror before uncertain
death.
Before the idiotic condition

de impotencia.

Ah, pero el aire
¿Su destino es pasar,
huir?
Su destino es cantar.
como que aúlla pero él algún día
ha de cantar,
sólo cantar.

of helplessness.

Oh, but the air,
Its destiny is to traverse,
to flee?
Its destiny is to sing.
it would seem that it howls but someday
it must sing,
only sing.

SOBRE LA AUTORA

Dolores **Castro** (Aguascalientes, 1923) es poeta, narradora, ensayista y crítica literaria. Estudió Leyes y Literatura en la Universidad Nacional Autónoma de México (UNAM). Posteriormente hizo sus estudios de posgrado en la Universidad Complutense de Madrid. Formó parte del grupo Ocho Poetas Mexicanos, integrado por Alejandro Avilés, Roberto Cabral del Hoyo, Javier Peñalosa, Ignacio Margaloni, Efrén Hernández, Octavio Novaro y Rosario Castellanos. Ha publicado los siguientes poemarios: *El corazón transfigurado*(1949), *Dos nocturnos* (1952), *Siete poemas* (1952), *La tierra está sonando* (1959), *Cantares de vela* (1960), *Soles* (1977), *Qué es lo vivido* (1980), *Las palabras* (1990), *Poemas inéditos* (1990), *No es el amor el vuelo* (1995), *Tornasol* (1997), *Sonar en el silencio* (2000), *Oleajes* (2003), *Íntimos huéspedes* (2004), *Algo le duele al aire* (2011), *El corazón transfigurado / The Transfigured Heart* (2013). En 1962 publicó su única novela, *La ciudad y el viento*. En 2014 recibió el prestigiado Premio Nacional de Artes y Ciencias, otorgado por el gobierno de México.

ABOUT THE AUTHOR

Dolores **Castro** (Aguascalientes, 1923) is a poet, narrator, essayist and literary critic. She studied Law and Literature at the Universidad Nacional Autónoma de México (UNAM). Later she did her graduate studies at the Universidad Complutense de Madrid. She was part of the group Ocho Poetas Mexicanos, which comprised Alejandro Avilés, Roberto Cabral del Hoyo, Javier Peñalosa, Ignacio Margaloni, Efrén Hernández, Octavio Novaro and Rosario Castellanos. She has published the following poetry books: *El corazón transfigurado*(1949), *Dos nocturnos* (1952), *Siete poemas* (1952), *La tierra está sonando* (1959), *Cantares de vela* (1960), *Soles* (1977), *Qué es lo vivido* (1980), *Las palabras* (1990), *Poemas inéditos* (1990), *No es el amor el vuelo* (1995), *Tornasol* (1997), *Sonar en el silencio* (2000), *Oleajes* (2003), *Íntimos huéspedes* (2004), *Algo le duele al aire* (2011), *El corazón transfigurado / The Transfigured Heart (2013)*. In 1962 she published her only novel, *La ciudad y el viento*. In 2014 she received the prestigious National Award for Arts and Sciences, awarded by the government of Mexico.

SOBRE EL TRADUCTOR

Francisco Macías Valdés obtuvo su licenciatura de University of Texas en Brownsville y su maestría en Letras Inglesas de Colorado State University en Fort Collins, donde presentó una tesis sobre *Tirant lo Blanch*. Reside actualmente en Fredericksburg, Virginia y trabaja en la Biblioteca del Congreso en Washington, D.C., donde es analista titular de información jurídica desde el 2007. Es corresponsal de la bitácora virtual *In Custodia Legis*, el blog oficial de la Biblioteca Jurídica del Congreso. Sirvió dos mandatos como presidente de la Sociedad Cultural Hispánica de la Biblioteca del Congreso y es egresado del Programa para el Desarrollo de Liderazgo de la misma institución. Ha entrevistado a muchos escritores y artistas como Sandra Cisneros, Carmen Boullosa, Marie Arana y Rafael López, entre otros. En el campo de la traducción literaria cuenta con los siguientes libros traducidos: *De cruz y media luna/From Cross and Crescent Moon* de Elvia Ardalani; *Selected Poems of César Antonio Molina* de César Antonio Molina; *El ser de los enseres/The Being of Household Beings* de Elvia Ardalani; *El corazón transfigurado/The Transfigured Heart* de Dolores Castro Varela; y la presente traducción. También ha traducido un par de obras adicionales de César Antonio Molina que fueron incluidas en la revista virtual *Words Without Borders*, las cuales fueron parte de una antología impresa bajo el título *Spain's Great Untranslated*.

ABOUT THE TRANSLATOR

Francisco Macías Valdés earned his BA from the University of Texas at Brownsville and an MA in English Literature from Colorado State University in Fort Collins, where defended a thesis on Tirant lo Blanch. He currently resides in Fredericksburg, Virginia and works at the Library of Congress in Washington, D.C., where he has worked as a senior legal information analyst since 2007. He is a regular blogger for *In Custodia Legis*, the official blog of the Law Library of Congress. He also served two terms as president of the Library of Congress-Hispanic Cultural Society. He is a graduate of the Library's Leadership Development Program. During his tenure, he has interviewed many writers and artists such as Sandra Cisneros, Carmen Boullosa, Marie Arana, and Rafael López, among others. He is the translator of *De cruz y media luna / From Cross and Crescent Moon* by Elvia Ardalani; *Selected Poems of César Antonio Molina* by César Antonio Molina; *El ser de los enseres / The Being of the Household Beings* by Elvia Ardalani; *El corazón transfigurado / The Transfigured Heart* by Dolores Castro Varela; and the present translation. He has also translated a couple of additional works by César Antonio Molina that were included in the online journal *Words Without Borders*, which were part of a printed anthology titled *Spain's Great Untranslated*.

Dolores Castro Varela

INDEX / ÍNDICE

www.ingramcontent.com/pod-product-compliance
Lightning Source LLC
Chambersburg PA
CBHW021945040426
42448CB00008B/1246